AF232170

ARCHÉOLOGIE

DÉCOUVERTE D'UN TOMBEAU ANTIQUE

dans un Tumulus, près de Kerhuon,

par **M. NICOL**, Adjoint au Maire de Guipavas.

LETTRE A M. JOUBERT

VICE-PRÉSIDENT DE LA SOCIÉTÉ ACADÉMIQUE DE BREST.

Pour me conformer, Monsieur le Vice-Président, au désir manifesté par vous, au nom de nos collègues, de mettre notre Société un peu au courant de la valeur historique, archéologique et religieuse d'un tombeau antique récemment découvert dans les environs de Kerhuon, je me suis, vendredi 25 octobre 1872, transporté dans cette localité, et là, suivant les indications précises que vous m'aviez données, je me suis, immédiatement au sortir du chemin de fer, rendu chez M. Nicol, adjoint au maire de Guipavas, à Torallan, et qui remplit au Relecq les fonctions de maire.

Un chasseur matinal, se préparant sans doute à contrarier Jeannot-Lapin dans ses souterrains séjours, et quelques ouvriers allant à leur travail, ont rectifié mon itinéraire.

Des enfants qui, dès avant huit heures, se rendaient à l'école, malgré une pluie torrentielle et au milieu de chemins abominables, chargés de leur petit bagage de livres et de leurs modestes provisions, m'ont, avec une bonne grâce que l'on ne rencontre pas toujours chez nos petits Bretons, en français et en breton, parfaitement renseigné sur la demeure de leur adjoint-maire, l'heureux auteur de cette trouvaille qui fait déjà beaucoup de bruit à cinq ou six lieues à la ronde.

Il était absent ; mais son jeune fils s'est empressé de le faire prévenir. Il se trouvait alors au bord de la mer, occupé à rendre service à ces pauvres pêcheurs qui avaient déjà promené dans les rues de Brest et dans les marchés un phoque dont ils voulaient encore faire une exhibition nouvelle à la foire de Gouesnou, et là en opérer la vente. Il leur avait pour cet effet prêté sa voiture et il les aidait à y placer leur monstrueuse capture.

En attendant son retour, le jeune agriculteur nous a fort gracieusement fait visiter son étable où nous avons admiré un superbe taureau croisé Durham qui, nous a-t il dit, venait d'obtenir le troisième prix au concours de Brest, et son écurie, où nous avons vu de fort beaux chevaux qui ne seraient pas déplacés dans les box des grands éleveurs : il en a même vendu un 2,500 fr. La maison, dont la façade est tapissée d'une vigne beaucoup plus riche en pampres qu'en raisins, est un peu plus belle que les constructions anciennes de nos paysans, et s'en distingue surtout par l'ordre, la propreté et un certain confortable.

Le propriétaire est bientôt arrivé, et déjà prévenu de l'objet de notre visite, il nous a fait un cordial accueil et nous a introduits au premier étage où nous avons aperçu sur un meuble modeste, mais luisant de propreté, un assez grand nombre de volumes (chose qu'on ne voit malheureusement que trop peu souvent chez nos cultivateurs), ce qui prouve que, tout en s'occupant du soin de ses terres, il ne néglige point la culture de son esprit. Il nous a aussitôt, pour satisfaire à l'ardeur de notre curiosité, montré tous les objets qu'il a recueillis dans le tombeau récemment découvert et placés religieusement dans un meuble fermé à clef. Ils consistent en :

1° Cinq gros ossements et quelques fragments beaucoup plus petits, avec lesquels on aurait bien de la peine à reconstituer une charpente humaine ; on n'en a pas retrouvé de crâne.

Ces ossements appartiennent-ils à un homme seul, à plusieurs, ou bien à d'autres êtres ? Ont-ils passé par le feu ? Les cendres recueillies par M. Nicol, ou que l'on pourra recueillir encore dans le tombeau, sont-elles le résultat de l'incinération à laquelle ont été soumis des cadavres d'hommes ou d'animaux, ou d'autres objets ? ou bien celui de la décomposition ? Des hommes spéciaux peuvent seuls répondre à ces diverses questions.

Quant à l'absence de crâne, toujours en admettant que le squelette appartienne à l'espèce humaine, on aurait de la peine à l'expliquer par la mollesse et le peu de solidité de la boîte osseuse ; car la dureté de la tête des Celtes, des Gaulois et des Bretons est un fait acquis à l'histoire, et passé à l'état de proverbe. On l'expliquerait plutôt par cette supposition qui n'a rien d'impossible : c'est que le guerrier, dont ce tombeau renfermait les restes, avait été vaincu dans un combat, que ses ennemis lui avaient tranché la tête, mais que ses compagnons d'armes avaient enlevé son cadavre et lui avaient rendu les honneurs de la sépulture. Il est de notoriété historique que les Gaulois et d'autres peuples barbares se faisaient un sanglant et horrible trophée de la tête de leurs ennemis vaincus, et la suspendaient même à la porte de leurs chaumières !

Ces ossements sont arides et desséchés au point que le fils de M. Nicol qui l'aidait dans le déblaiement du monument funéraire, tâtant ces objets inconnus dans la demi-obscurité du caveau, disait à son père : Ce sont des morceaux de bois.

2° Un fragment en bronze, que M. Nicol a été obligé de séparer de la terre qui l'enveloppait comme un gangue, à l'aide de son couteau. Est-ce un bout de lance ou l'extrémité d'une javeline? ou bien le débri usé par les siècles de l'un de ces objets en bronze que l'on rencontre fort souvent dans les sépultures antiques et dont la destination, malgré les efforts des savants, n'est pas encore clairement définie ?

3° Un grand nombre de petits fragments de l'urne ou plutôt du vase funéraire placé dans le tombeau, à côté des ossements et de l'objet en bronze dont il vient d'être question. Il serait très facile, au moyen de l'analyse chimique, de savoir la nature de la substance de ce vase, son modèle de fabrication et le degré qu'il doit occuper dans la céramique de nos aïeux. Ces débris ne m'ont semblé porter aucune trace d'ornementation ni de vernissure ; ils sont tellement exigus, et il en manque d'ailleurs un si grand nombre, qu'avec la plus grande patience du monde, il serait presque impossible de rétablir le petit vase en entier. Cependant un fragment m'a paru, par sa configuration, être une moitié du goulot. M. Nicol croit que ce vase, dont l'épaisseur semble très-fragile et très-mince, a été brisé lors de l'éboulement occasionné par son travail de découverte. Sans cet accident, ajoute M. Nicol, on aurait fort bien pu aussi voir le squelette se dessiner tout entier sur sa couche funèbre, ou du moins en suivre tous les contours sur la fine et sèche poussière qui en gardait l'empreinte.

J'ai voulu, m'a dit M. Nicol, consulter tout ce qui pouvait m'éclairer sur la nature de ma découverte, et là-dessus il nous a montré un cahier manuscrit composé d'une cinquantaine de pages, intitulé : *Recherches sur l'Histoire ecclésiastique et religieuse* de la paroisse de Guipavas, 1855. J'y lis une chronologie des recteurs de cette paroisse, de 1606 à 1790, puis une note extrêmement curieuse sur le Relec, en Guipavas, sur Sainte-Barbe, Kerhuon, Saint-Marc, Coataudon, etc., etc., et une foule de détails palpitants d'un intérêt de localité.

Avec une bonne grâce parfaite, il m'a prêté ce manuscrit où je compte, bien entendu, avec sa permission, commettre quelques petits larcins. Comme lui, je n'ai rien trouvé dans ce recueil qui pût me fournir, du moins directement, quelques lumineuses données sur le tombeau antique ; mais, en revanche, il m'a offert, et à mon grand étonnement, quelques aperçus sur la culture de la vigne au Relec, dans les temps anciens, et même sur l'*Instruction gratuite* en cette contrée, et il est bon de constater ici ce fait d'un simple paysan breton, se donnant lui-même la peine de copier ou de faire copier par ses enfants un manuscrit fort curieux qui traite de l'histoire de sa commune et de son village et de presque tous les endroits qui, autour de lui, jouissent d'une certaine célébrité.

M. Nicol, c'est lui-même qui nous l'apprend, en remontant dans ses plus lointains souvenirs, avait souvent entendu dire que, dans le champ où se trouvait le tumulus cachant le tombeau, *il devait y avoir quelque chose.* C'était le bruit public. Depuis plus de 25 ans, d'après les remarques qu'il avait faites lui-même et celles qu'il avait entendu faire à son entourage, il avait le soupçon que cette espèce de monticule n'était pas l'œuvre de la nature , et il avait eu souvent l'idée d'y opérer une fouille. Il y a cinq ou six ans, à l'aide d'une barre de fer de mineur, il avait sondé le tumulus, mais ses recherches avaient été infructueuses, parce qu'il n'avait pas fouillé assez profondément et de manière à atteindre la vaste pierre qui servait de couverture au mystérieux monument. Mais, il y a quelques jours, de nouvelles tentatives de sa part, poussées plus profondément, ont amené un plus heureux resultat. Sous ses efforts réitérés, un éboulement a eu lieu ; après avoir enlevé cinq pieds de terre du sommet d'un assez grand tumulus qui se trouve dans son champ et retiré un amas de pierre formant une espèce de galgal, et senti sous les coups de pioche retentir un long fragment de granit qui sonnait le creux, il a vu s'entr'ouvrir peu à peu une sorte de caverne. Lorsque l'espace a été assez large pour laisser passer un homme, il a eu la sage précaution d'y allumer une chandelle pour ne pas courir le risque d'être asphyxié. Ainsi rassuré, il a pu , avec son jeune fils et d'autres personnes qui le secondaient dans ce périlleux travail , par l'étroite ouverture pratiquée sous l'énorme pierre qui sert pour ainsi dire de couverture au funèbre caveau, y descendre à reculons et en prenant beaucoup de précautions. Là ils jouissaient d'une assez grande liberté dans leurs mouvements , puisque cette chambre sépulcrale avait environ 9 pieds de hauteur et 3 de largeur et 10 de longueur ; d'ailleurs, les quatre parois en étaient formées par des pierres assez bien alignées, mais qui ne lui ont paru être reliées entre elles par aucun ciment et n'avoir subi le contact d'aucun instrument.

Cette construction ne manque ni d'habileté ni de solidité, puisqu'elle a pu, pendant bien des siècles, résister à la poussée des terres accumulées et au travail souterrain de la nature. Ces pierres, ainsi que quelques autres, rejetées avec les terres du déblaiement sur la pente du tumulus, ont une teinte de rouille.

Bien des chefs-d'œuvre d'architecture et de sculpture, dus au génie de Rome et d'Athènes, avec leurs bas-reliefs en marbre de Paros ou de Carrare, auxquels on avait promis l'immortalité, bien des colonnes avec leurs spirales d'airain, sont tombés sous la massue du temps et de la haine, tandis que ce simple tombeau surgit de la nuit des siècles dans sa rudesse primitive.

M. Nicol nous fait observer encore que la pierre, ayant environ deux mètres de long sur deux de large, qui couvre le monument, est soutenue du côté ouest par une autre pierre qui lui sert pour ainsi dire de palastre. Entre la pierre formant voûte et une autre qui la touche presque, se trouve une espèce de rigole, ce qui, sans doute, permettait à la pluie de s'écouler sans retomber dans le tombeau, dont le fond n'a pas semblé, lors de la découverte, atteint par l'humidité. Parmi les objets recueillis avec soin par M. Nicol et cités plus haut, j'oubliais de mentionner des cendres ou poussière qu'il avait déposées à côté de sa maison, mais que le vent et la pluie ont fini par disperser et qui, sans cela, auraient pu servir de matière à une curieuse analyse.

Comme il est bon, sans attacher une énorme importance aux légendes qui courent dans le pays, d'en tenir cependant compte, je recueillis de sa bouche la suivante, qu'il me donna, le sourire du scepticisme sur les lèvres et de manière à me montrer que, sous ce rapport du moins, il est un très-libre penseur : « Ce tumulus était hanté par un monsieur qui écrivait avec de l'encre rouge. » Ceci nous reporte à la légende infernale de *Robert-le-Diable* et à celles du *Docteur Faust* et du *Pardon de Ploërmel.*

J'avais encore une masse de questions à adresser à M. Nicol, toutes relatives à la découverte du tombeau, et qui pouvaient me fournir de précieux renseignements. Il se serait fait, me dit-il, un grand plaisir d'y répondre, et m'aurait, avec le plus grand empressement, accompagné dans mon excursion au tombeau ; mais, comme il avait promis aux braves pêcheurs qui l'attendaient de les accompagner dans sa voiture à Gouesnou, il ne voulait pas leur manquer de parole. Je fus donc obligé, et à mon grand regret, de me séparer de lui, car il m'eut été, je pense, très-difficile de rencontrer un cicérone aussi intelligent.

Avant de le quitter, je lui recommandai officieusement, au nom de la Société académique de Brest et au nom de ceux qui s'occupent d'archéologie, de conserver avec soin tous les objets curieux qu'il avait recueillis ou que des fouilles nouvelles pouvaient faire tomber entre ses mains. Tout en me le promettant, il m'a dit qu'il mettrait volontiers tout son champ à la disposition de la Société, si elle voulait, pour parvenir à exhumer quelques nouvelles richesses archéologiques, le bouleverser tout entier, mais à la condition de le rétablir dans son état primitif, de manière à faire paître ses troupeaux et à poursuivre le cours de ses travaux agricoles.

Il a même poussé la complaisance jusqu'à me faire accompagner de l'un de ses garçons de ferme qui, une pelle et une pioche sur le dos, m'a guidé vers le lieu de l'excursion avec l'ordre de nous prêter son concours, pour le déblaiement de l'objet en question. Nous avons, tout en piétinant au milieu de la boue des chemins et sous de fréquentes averses que le vent du nord-ouest nous fouettait au visage, laissé à gauche l'église du Relecq sans nous y arrêter, ce qui de notre part n'a pas été sans combat ni sans mérite, car nous en avions entre les mains l'histoire authentique et inédite. A droite, un peu plus loin, nous nous contentions de jeter un rapide coup-d'œil sur une sorte d'obélisque ou de menhir en granit surmonté d'une croix; puis, après avoir franchi un petit pont jeté sur la voie ferrée, nous arrivons enfin dans le champ qui était l'objectif de nos recherches.

L'examen que nous en faisons, joint à celui du tumulus, des pierres qu'on a retirées, de celle qui forme le dôme de l'édicule, de celles encore qui la soutiennent où qui se trouvent à côté, des murailles évidemment construites de main d'homme, et pour un but religieux et funéraire comme le prouvent les objets trouvés dans l'intérieur, tout cela ne fait pour nous que confirmer les données de M. Nicol. Quant aux dimensions du tombeau, des pierres du tumulus, des parois, etc, etc., qu'il nous a données de vive-voix et que nous venions de prendre sous sa dictée, nous n'avons pu les soumettre à un contrôle bien sévère, parce que nous avions négligé de nous munir d'un instrument de précision. Quoi qu'il en soit, il est évident pour nous que nous sommes en présence d'un monument qui remonte à une très-haute antiquité, et que rien ne fait supposer qu'avant l'heureuse découverte de M. Nicol, le monument ait été fouillé ; guerrier, chef ou victime, celui à qui appartenaient les ossements desséchés que nous avons palpés, a, peut être depuis plus de deux mille ans, dormi son paisible sommeil.

Ce monument est sans doute un feuillet épargné par le temps de ce grand livre de la civilisation celtique qui est disparue et dont les antiquaires s'efforcent avec plus de zèle que de bonheur de rétablir le texte. Ce tombeau, cet autel druidique, car on peut lui attribuer ce double caractère, n'est pas, si nous voulons nous en rapporter à l'opinion de M. Nicol, corroborée par celle de ses voisins et par les documents inédits qu'il m'a confiés, le seul qui doive se trouver caché dans cette contrée, où les monuments chrétiens ont remplacé, sans toutefois les faire disparaître tout entiers, ceux qui sont les symboles d'un culte plus ancien.

J'ai fait conjointement avec la personne qui m'accompagnait dans cette excursion, ainsi que dans une autre, exécutée il y a quelques mois à Plemeur, près de Lannion (Côtes-du-Nord), une remarque suggérée par l'aspect de la pierre dont le tombeau de Kerhuon est revêtu : elle a une analogie frappante de configuration avec celle d'un joli petit dolmen échappé aux recherches des antiquaires, et qui, presque baigné par la mer quand elle est haute, se trouve vis-à-vis de l'île d'Avalon, célèbre dans la légende du fameux roi Arthur. Seulement la pierre du dolmen est supportée à droite et à gauche par d'autres pierres posées de champ, tandis que la voûte granitique du tombeau ne repose pas de tous côtés sur des pierres et semble avoir pour principaux points d'appui la maçonnerie assez artistement conditionnée.

Après avoir parcouru la moitié du champ dont une partie, celle qu'occupe le tumulus, est en friche et porte, parfaitement visibles à l'œil et sensibles au pied, les sillons tracés les années précédentes, pour la moisson, et dont l'autre partie également en friche et ondulée, est parsemée de jeunes pousses de genêt, on arrive au sommet du tumulus d'où l'on jouit d'une vue magnifique. On voit la rade de Brest creusée par la nature comme une immense coupe de granit, on aperçoit et on entend les vagues se briser en franges d'écume sur la plage sonore ; on distingue les rochers de Plougastel, si pittoresques dans leur nudité, des massifs d'arbres dont le feuillage, quoique jauni par la mélancolique automne, rompt la monotonie du paysage, les clochers de Plougastel, de Guipavas et des autres villages qui profilent à l'horizon lointain leurs aiguilles de granit, quand une éclaircie vient embellir le ciel.

L'éclat du printemps et les splendeurs de l'été doivent ajouter à la magnificence de ce point de vue, et nous ne pouvions nous empêcher de songer que cet endroit avait été admirablement choisi pour un tombeau : les hommes dont il renfermait les dépouilles, au jour de ce grand réveil qui faisait partie du dogme de nos aïeux, devaient, au signal de la toute-puissance divine soulevant la pierre sépulcrale et la masse de terre qui pesaient sur eux, se dresser, nouveaux Lazares, face à face avec le soleil levant, ou au Midi, splendide symbole de la résurrection !

Que présentent aux regards de l'observateur ou de l'antiquaire les monuments gaulois comparés à ceux du peuple-roi et des autres nations ? Partout la même rudesse et la même simplicité, répond M. de Caumont. Eh bien ! il est impossible de ne pas être frappé de ce double caractère à l'aspect de ce tombeau caché *pendant tant de siècles* sous cet énorme tumulus, nous disons pendant tant de siècles, car l'absence de monnaies romaines ou gallo-romaines, celle de tout objet en métal autre que le bronze, la présence du petit vase qui, à en juger par ses débris, avait été formé à la main, avant l'adoption ou l'invention du tour, les pierres brutes et sans ciment des murailles, ainsi que celle qui forme la voûte de la chambre sépulcrale, et qui, *grande, brute et applatie, plus longue que large, et élevée comme une table grossière*, rappelle celle d'un dolmen, appuyée sur *d'autres pierres verticalement posées*, tout nous porte à croire, pour le moment, que ce tumulus et ce monument funéraire sans inscription remontent, sinon jusqu'aux limbes de l'histoire, du moins à une époque antérieure à l'occupation romaine.

Mais réprimons l'essor de l'imagination, pour rentrer en plein dans la question du tumulus, où nous prendrons pour guide l'aristocratie incontestée de la science historique, les Bénédictins, et l'un des princes de l'archéologie, M. de Caumont, et l'excellent ouvrage de M. César Daly.

Des monceaux de terre ou de cailloux rassemblés par l'homme sur la cendre des morts constituent le tumulus.

En voici la nomenclature :

1° Tumulus boule (bowl-barrow). Le mot dépeint la chose.

2° Tumulus larges. Ils se distinguent du précédent par leur diamètre beaucoup plus considérable.

Ils n'ont parfois que 15 à 20 pieds de hauteur, sur 100, 150 ou 200 de largeur.

3° Les tumulus allongés affectent la forme d'un œuf, mais coupé sur la longueur, et dont cette moitié serait placée sur le côté plat, et dont la partie convexe serait en dessus.

Les deux dernières espèces de tumulus sont ordinairement formées de pierres sèches, et c'est surtout là que l'on rencontre parfois des galeries souterraines menant à des chambres sépulcrales.

4° Les petits tumulus coniques. Ils sont ordinairement en terre ; le diamètre ne dépasse guère trente pieds, et il n'est parfois que de 15 a 20 pieds.

5° Le tumulus geminé consiste en deux tumulus accolés et que renferme une même enceinte. Ils recouvrent sans doute deux personnes unies par le sang ou l'amitié.

6° Le tumulus en forme de cloche...

7° Tumulus entouré d'un fossé dont la cuve a beaucoup de régularité, la pente est garnie parfois d'une allée ou d'une terrasse. Coupes, colliers et autres ornements y ont été découverts.

Mais pénétrons dans l'intérieur de ces monuments : les matériaux formant l'éminence sont très-rarement amassés sans précaution sur les restes du défunt. Ces restes se trouvent ordinairement au centre du tertre, tantôt dans une espèce de loge formée de plusieurs grandes pierres, tantôt simplement déposés au milieu d'une excavation pratiquée dans le sol sur lequel le tumulus est élevé.

Dans quelques tumulus à grandes dimensions, il existe plusieurs loges ou chambres sépulcrales ; dans d'autres on accède à ces caveaux par des corridors dont le toit est grossièrement voûté et parfois formé de grosses pierres comme celui des allées couvertes.

Dans les tumulus les plus anciens, jambes et genoux des cadavres sont ployés sur le corps ; la tête placée vers le Nord.

Dans d'autres moins anciens et même postérieurs à ceux dans lesquels on trouve des cendres, parce qu'ils contiennent des instruments en fer, le corps est étendu dans toute sa longueur et la tête placée indifféremment dans plusieurs directions.

Si les tumulus, suivant M. de Caumont, élevés en Normandie et en Angleterre, remontent en général à une époque antérieure à l'occupation romaine, à plus forte raison peut-on appliquer cette règle à ceux de la Basse-Bretagne.

Les tumulus varient dans leurs formes suivant la quantité des individus renfermés dans les tombeaux qu'ils recouvrent. L'allongement de leur forme à la base semble indiquer des sépultures communes, des espèces d'ossuaires; ronde, elle indique la sépulture d'un seul individu.

Le squelette est posé sur le sol ; c'est ordinairemeut sous le chef (*caput*) que se trouve une arme. La partie supérieure du corps est couverte par une grosse pierre. Parfois il est entouré d'ossements d'animaux.

Couper en croix par le milieu ces mɔnuments, est un moyen d'en rendre les fouilles fructueuses. C'est une méthode recommandée par les hommes compétents en matières de fouilles et elle nous a été indiquée par notre honorable président, M. du Temple, qui lui même a découvert un monument très curieux.

Les grands tumulus, les ossuaires offrent des salles sépucrales qui sont formées par des pierres brutes, dont la réunion rappelle la configuration des dolmens; ces cryptes contiennent un ou plusieurs individus assis ou couchés. Des couloirs conduisent à ces caveaux funéraires, et il n'est pas rare de trouver une seule galerie qui dessert toutes les chambres.

D'autres fois les corps sont réunis dans une chambre dont l'allongement fait songer à celui des galeries couvertes.

C'est en examinant bien si les pierres sont cimentées ou non, c'est en étudiant les objets divers que recélait le tombeau que l'on peut décider s'il est gaulois, gallo-romain ou purement romain.

Quand le tumulus est allongé, comme il est d'habitude soumis à l'orientation, on peut commencer les fouilles par une des extrémités.

Quels sont les détails qu'il importe d'indiquer dans les plans et coupes, auxquels doit présider le soin le plus scrupuleux ? Le nombre et la forme des pierres brutes composant les caveaux.

Il n'est pas hors de propos de consigner dans les procès-verbaux s'il se trouve une couche d'argile dans les parties inférieures pour les préserver de l'humidité.

Parfois les tumulus, ou plutôt les tombelles sont réunis en grand nombre ; ce sont alors de véritables cimetières qui se trouvent dans le voisinage des *oppida*, même dans leur enceinte, ou bien sur un champ de bataille.

Il faut en indiquer la direction orientée, en mesurer scrupuleusement les hauteurs respectives, quand elles sont rangées dans la même ligne.

On peut faire d'utiles observations par rapport à la construction sur la base qui se trouve quelquefois aux tumulus funéraires et qui est formée par un cercle en pierres brutes ou appareillées.

Joignons à ces extraits quelques observations relatives aux découvertes à faire et à la direction qu'il convient de donner aux travaux de terrasse.

Quand un terrain présente des chances de succès aux explorations, il faut souvent en répéter l'inspection, car alors on y reconnaîtra certaines ondulations prolongées, dont la couleur différera de celle de l'humus des environs, et qu'elles emprunteront au ciment, aux débris de terre cuite et de pierre calcaire.

Sur un sol cultivé, la germination plus lente sur les murs cachés près de la surface, fera voir à l'observateur des nuances différentes dans la verdure ; par le plus ou moins de force dans la végétation, on suivra les constructions antiques dont souvent le plan entier est dessiné par des lignes de plantes étiolées.

Que des dessins et des procès-verbaux constatent les découvertes, précisent tous les détails de nivellement, de dispositions générales et particulières, de construction et d'emploi de matériaux.

Veiller à ce que les ouvriers entament le sol avec prudence, et ordinairement à la bêche, ne brisent aucun des objets qu'ils rencontrent, ne détruisent point les lignes de distribution des monuments.

Le R. P. Dom Jacques Martin, bénédictin de la congrégation de Saint-Maur, nous l'apprend. « Les tombeaux des anciens Gaulois consistoient ordinairement en des tas énormes de terre et de sable qu'on élevoit sur le corps des personnes qui mouroient. L'Allemagne est pleine de ces élévations : la France en a aussi quantité ; mais ce n'est que depuis peu qu'on a reconnu ce que c'étoit. »

Le savant bénédictin nous dit encore : « Les tombeaux des Gaulois étoient enfoncés bien avant dans la terre ; ils étoient tantôt maçonnez de pierre ou de brique ; tantôt c'étoient de grosses pierres brutes ; d'autrefois c'étoient de petits caveaux, de trois pieds au plus de diamètre, sur une base quarrée. On en découvre encore un grand nombre dans presque toutes les provinces de France, qui consistent en des éminences, en tertres ou petites collines de terre ou de sable.

« Dans tous ces différens tombeaux on trouve toujours les cendres et les ossements brûlez, tant de la personne à qui on dressoit le sépulcre, que des personnes, animaux, meubles, bijoux, etc. Souvent ces cendres et ces ossements sont dans des urnes avec des charbons, quelquefois cela est épars dans le tombeau.

« La coutume de brûler des hommes vivans avec le corps du mort avoit pris fin avant l'arrivée de César dans les Gaules. Mais pour celle de brûler les morts, elle a été peut-être l'unique qui ait régné parmi les Gaulois, tanlis qu'ils ont été ensevelis dans les erreurs du paganisme.

« Vers la fin du XVIII⁰ siècle, dans un monticule, on a découvert auprès de Bapaume, en Artois, à Velu, plusieurs squelettes étendus sans cercueils sur plusieurs lignes parallèles et la face tournée vers le midi. Auprès de ces squelettes étaient placées, à gauche des épées, à droite des fers de lance, des javelots, et des pots de terre cuite vers les pieds. Sur ces squelettes, c'est-à-dire au milieu des débris de leurs os, se trouvoient plusieurs plaques de bronze et boules de fer, garnies le plus souvent de clous en dessus, et en dessous de petites anses ou boucles destinées à les attacher au cuir des baudriers et des ceinturons. Trois de ces squelettes n'avoient point d'épées ni de lances à leurs côtés, mais seu'ement des stylets. Enfin, l'on a trouvé dans les débris de ces fouilles plusieurs grains de verroterie.

« Suivant quelques antiquaires, les sépultures dont les squelettes sont tournés vers le midi indiquent la nationalité gauloise avant la conversion des Gaules au christianisme; tandis qu'ils reconnaissent pour des sépultures chrétiennes celles que l'on a trouvées en France tournées vers l'Orient.

« D'après une lettre latine écrite au R. P. D. Bernard de Montfaucon, on peut distinguer en trois espèces les tombeaux trouvés dans les tumulus, par rapport sans doute à la qualité des personnes et par rapport aussi à l'usage qu'on faisait de ces tombeaux. Les uns, qui sont sous terre contiennent des urnes et des ossemens; il paroît que ceux-là ont appartenu à des gens de la plus basse condition. Les autres ont des cadavres ou des urnes, quelquefois même des urnes et des ossements qui n'ont point été brûlez; ils ont aussi, au-dessous de ces cadavres, de grands monceaux de sable et de pierre; quelques-uns de ces monceaux ont jusqu'à cent pas de circuit; ceux-ci ont servi à des princes ou a des gens de première qualité, ou à des nombreuses familles des plus qualifiées, ce qu'on

2

reconnaît par la grande quantité d'urnes et d'ossements qu'ils renferment.

« Quelquefois ces monceaux sont plus petits, et alors ils sont faits apparemment pour des gens d'une qualité médiocre..... Cette conjecture est encore appuyée par des instruments qui s'y trouvent d'un plus grand ou d'un moindre prix, selon la qualité des gens. La surface de ces sépulcres est quelquefois nue, ce n'est que la simple terre ; et quelquefois aussi elle est pavée de pierres; mais comme ces pavez n'ont pas plus d'étendue qu'un corps humain, je conjecture qu'ils étoient faits pour y étendre comme sur un lit des corps non brûlez. »

La lettre que je vous écris, Monsieur le Vice-Président, pour répondre dignement à l'honorable mission dont vous m'avez officieusement chargé, n'est que le resumé, aussi complet que possible, des notes et des observations prises par moi, au courant du crayon, sur l'endroit même de ma petite excursion archéologique, sur les talus de fossés, sous les arbres qui me prêtaient un abri contre les vents et la pluie, dans les fermes, les manoirs et les chaumières où je m'arrêtais pour interroger les habitants. J'ai pu, en employant cette méthode, recueillir une foule de légendes et de traditions relatives au tumulus et au champ de M. Nicol, aux poulpiquets, aux nains, aux farfadets, aux feux follets, aux courils, à tous les êtres mystérieux, en un mot à toute la bande infernale qui, dit-on, vient, à l'heure de minuit, danser une sarabande au milieu des genêts, sur les branches desquels le diable a laissé de brûlantes empreintes : et les pâtres, le matin, s'en approchent en tremblant. On pourrait, à l'aide de ces données, ajouter quelques pages à la *Sorcière*, de M. Michelet, et à la *Démonomanie des sorciers*, de J. Bodin, ainsi qu'aux

Discours et histoires des spectres , visions et apparitions des esprits, anges, démons et âmes, etc., de Pierre Le Loyer.

Mes interlocuteurs ne tarissaient pas en récits sur les souterrains nombreux et immenses qui relient les fermes, les manoirs et les châteaux des environs entre eux, sur les trésors recueillis dans le tumulus ou qui ne demandent qu'à l'être, pourvu qu'on les cherche suivant les rites convenus, car ils sont gardés par une gigantesque couleuvre. La légende de M. Nicol fera bientôt pâlir celle de Monte-Christo... Mais le propriétaire du tumulus et du tombeau est un homme d'esprit et ne fera que rire de toutes ces exagérations. Une femme qui habite le bourg même du Relec, fort intelligente, ma foi, et dont la langue était fort bien pendue, manifestait un scepticisme profond à l'égard des légendes mystérieuses ; mais, en revanche, elle abondait en récits sur la masse des richesses renfermées et trouvées dans les tranchées du tumulus. Elle m'a même cité le nom d'un individu très-connu dans la commune de Guipavas, et qui s'obstinait avec acharnement à la découverte des trésors. C'était surtout le dimanche des Rameaux, le jour de Pâques fleuries, qu'il exécutait ses excursions, pendant qu'on lisait le grand Evangile :

« Mais, hélas ! ajoutait-elle, il est mort sans avoir pu
« réaliser ses désirs, et il aurait peut-être mieux fait de
« fouiller dans le champ de M. Nicol que d'aller creuser
« dans les ruines des vieux châteaux où il n'a rien trouvé.
« Et vous même, Monsieur, qui riez de ce que je dis, vous
« passez dans l'esprit de ceux en présence desquels vous
« êtes descendus, vous et votre compagnon, dans le tom-
« beau dont vous avez mesuré les pierres avec votre mou-
« choir, vous passez pour y être venus chercher un trésor. »

Effectivement, pendant que nous étions tout entier occupés à notre besogne scrutatrice, des paysans de Plougastel et des environs, au nombre de plus de cinquante, se rendant à la foire de Gouesnou, sont venus visiter le tombeau, et quelques mots qui leur sont échappés en langue bretonne, dont ils croyaient que je ne comprenais pas la signification, m'ont prouvé que cette femme n'avait point tout à fait tort dans sa singulière assertion.

J'ai rencontré encore à la gare une femme du meilleur monde, du moins si j'en juge par l'élégance de sa mise, de ses manières et de son langage, et qui, comme la simple paysanne, m'a longuement entretenu de l'immense quantité de trésors découverts ou à découvrir dans le tombeau que je venais de visiter. Elle a même ajouté qu'anciennement on allumait sur le monticule les feux de la Saint-Jean, dont les lueurs en se prolongeant fort loin et en se reflétant jusque dans la mer, produisaient un magnifique effet. Si l'assertion de cette dame était corroborée par le témoignage de M. Nicol ou celui des plus vieux habitants du Relec, on pourrait, par induction, en conclure que cet ancien usage remonte jusqu'au temps des Druides. Suivant une tradition recueillie par M. de Gerville, et citée par M. de Caumont, « on aurait anciennement allu- « mé, dans certaines circonstances, des feux sur les tumulus « situés dans la commune de Jobourg, département de la « Manche ; et M. King, en parlant des anciens usages dont « l'origine pourrait remonter jusqu'au temps des Druides, « parle des feux qu'on allume sur des tumulus dans quel- « ques parties de l'Angleterre, la veille du premier jour « du mois de mai. »

Mais de ce domaine du merveilleux et du fantastique où je ne suis entré qu'afin de faire mieux comprendre celui de la réalité, je reviens au monde réel, au mode pratique.

Je crois qu'il serait utile de nommer une commission composée d'un chirurgien, d'un chimiste, d'un géologue, d'un ingénieur, d'un entrepreneur expert en déblaiements et en terrassements, d'un archéologue, d'un homme versé dans l'histoire, d'un homme possédant bien la philologie comparée et par conséquent la langue bretonne. Cette commission, après avoir vu le tumulus et le tombeau, et les objets qu'il renfermait, et leur avoir fait subir une analyse scientique et complète, jugerait en dernier ressort de l'utilité de fouilles nouvelles et de nouveaux déblaiements pour débarrasser le monument funéraire de tout ce qui empêche l'œil d'en saisir les contours et à la main d'en mesurer les proportions et d'en palper, pour ainsi dire, tous les détails. En opérant ce travail, j'ai la ferme espérance qu'elle découvrirait d'autres objets précieux au point de vue de la science, d'autres caveaux funéraires, soit dans les flancs du tumulus, soit même dans la tombe découverte. L'apparition de cette dernière n'est peut-être que le prélude de la révélation d'*une Armorique souterraine*, dans le genre de cette *Normandie souterraine* dont le savant abbé Cochet nous a fait connaître l'existence.

Lors même que la Société académique échouerait dans cette œuvre, et que le résultat ne répondrait pas à ses travaux et à ses dépenses, elle aurait toujours, pour emprunter ici une expression de notre immortel fabuliste,

L'honneur de l'avoir entreprise.

Je joins à ce travail deux croquis dus au crayon de M. Cassin ; ils sont accompagnés d'une petite légende explicative du monument et du tumulus.

Permettez-moi en finissant, Monsieur le Vice-Président,

de vous remercier publiquement d'avoir bien voulu songer
à moi pour me charger d'une mission qui n'a été pour
moi qu'une source des plus pures jouissances intellec-
tuelles. Que M. Penquer, maire de Brest, et notre honorable collègue, reçoive aussi l'expression de ma gratitude;
c'est lui qui, avec sa bienveillance habituelle, en pronon-
çant mon nom, vous a suggéré l'idée de m'envoyer visiter
le monument. Vous m'avez de plus ménagé l'occasion
d'avoir l'insigne honneur de signaler le premier à la Société académique de Brest et au monde savant la découverte d'un tombeau antique faite par M. Nicol.

MAURIÈS,

Sous-Bibliothécaire de la ville de Brest.

RAPPORT

De la Commission nommée dans la dernière séance du 4 Novembre 1872 de la Société académique de Brest, pour examiner, d'une manière complète, et la découverte faite dans un Tumulus près de Kerhuon, d'un ancien Tombeau, et les objets qu'il renfermait.

Avant de procéder à l'accomplissement de sa mission, le 16 Novembre 1872, la Commission reçoit communication de la lettre suivante de l'un de ses Membres, M. Penquer, Maire de Brest, et Membre de la Société :

Brest, le 16 Novembre 1872.

Cher collègue et ami,

Malgré tous mes efforts, il m'est impossible de vous accompagner dans votre intéressante découverte.

On m'appelle à l'instant pour des malades, et j'ai des affaires très-importantes qui m'attendent à la Mairie.

Offrez tous mes regrets à nos Collègues de la Commission, et croyez à mes sentiments les meilleurs.

Votre tout dévoué,   PENQUER.

Tout en regrettant d'être privée, quoique momentanément, du secours de l'un de ses Membres, la Commission part pour sa destination, et, chemin faisant, a le plaisir de voir s'adjoindre officieusement à elle M. Labasque, agent-voyer du département. Arrivée à la gare de Kerhuon, elle y trouve, fidèles au rendez vous qui leur avait été assigné, MM. Nicol, adjoint au maire de Guipavas, faisant fonction de maire au Relecq, auteur de la découverte du tombeau en question et des objets qu'il contenait, et M Flagelle qui arrive presque aussitôt qu'elle de Landerneau. M. Nicol présente, dans la salle même d'attente, à la Commission, qui les examine avec le plus vif intérêt, tous les objets recueillis par lui et qui ont été classés, distribués, étiquetés et pesés avec beaucoup de soin et d'intelligence par M. Duval, et posés dans une boîte en bois à divers compartiments, ce qui en rend l'étude et l'analyse plus faciles, et ne permet pas qu'il s'établisse entre eux une véritable confusion.

La Commission regrette que M. Nicol n'ait pas, à cause de la pluie, conservé la poussière et les cendres qu'il avait pris soin de recueillir dans le lit funéraire ; car, *cette cendre humaine*, comme l'a si bien dit un célèbre antiquaire, M. l'abbé Cochet, *c'est l'enveloppe de la pensée antique, elle va s'envoler avec la poussière qui la recouvre, c'est à vous de la saisir au passage... Ici vous pouvez voir revivre les idées du passé et dans une poignée de terre retrouver la vie de vos pères ;* dans les grains de cette poussière, non-seulement vous saisirez la peau, le cuir, le chanvre, la laine et les étoffes, mais encore la disposition exacte et pour ainsi dire l'emploi des épingles, des agrafes, des fibules, des boucles, en un mot de tous ces objets divers qui, vus dans un musée, ne proclament plus que l'art et l'industrie de nos pères, mais qui, ici, redisent leurs coutumes, leurs idées, leurs mœurs et leur religion.

Mais il nous reste encore assez d'objets trouvés au sein

du tombeau pour que l'étude et l'analyse ne fournissent pas quelques données intéressantes pour l'archéologie et l'histoire. Et puis, où se rencontre le secret de l'origine des Tumuli, où peut-on, pour ainsi parler, déchiffrer leur acte de naissance ? N'est ce pas dans le sein de ces masses de terres, dans le caveau funéraire qu'elles recouvrent et où il a été donné à la Commission de descendre, avant la disparition de l'antique et curieux monument.

La Commission se rend aussitôt à sa destination, et chemin faisant, elle jette en passant un coup d'œil à droite sur un menhir taillé en granit, et surmonté d'une croix qui paraît, avec le lichen dont elle est couverte, plus ancienne que l'espèce d'obélisque sur lequel elle est superposée. Le Christ en croix est revêtu d'une tunique : ce relief semble remonter à l'enfance de l'art. Au pied du monument, on remarque un petit jardinet fraîchement cultivé et qui contient quelques fleurs d'automne dont le feuillage est vert encore, ce qui prouve les soins pieux dont nos paysans armoricains entourent le symbole vénéré de leur culte. Suivant la réflexion de l'un des Membres de la Commission, M. Flagelle, les monuments de ce genre, auxquels on donne le nom de *Lerc'h*, indiquent une sépulture.

Le même Membre, qui a fait une étude particulière des voies romaines et des monuments mégalithiques du Finistère, attire l'attention de ses Collègues sur ce qu'il croit être les restes d'une voie romaine, laquelle, suivant lui, se bifurquait à l'anse Kerhuon pour se diriger par *Keromen*, Torallan, le bourg de Lambézellec, Penfeld, au midi de Keroualle, et rejoignait la route de Saint-Renan au Conquet au Pont-du-Châtel. Il fait encore observer que dans tous les endroits qu'il connaît sous le nom significatif de Keromen, se trouvent des chemins ou des établissements portant visiblement l'empreinte du peuple romain, et il nous désigne non loin de là un endroit qui s'appelle Keromen. Cependant il est bon de tenir compte de l'observation d'un autre Membre qui croit que les voies romaines dominaient à droite et à gauche les pays qu'elles traversaient, tandis qu'au contraire l'embranchement que l'on signale ici est surplombé des deux côtés comme un chemin creux.

La Commission trouve, dans un champ voisin de celui de M. Nicol, des ouvriers qui, sous la conduite d'un jeune contre-maître, sont occupés à pratiquer des fouilles. Elle voit et s'assure qu'elles ont été infructueuses. Arrivée enfin au lieu de sa destination, la Commission se trouve en présence de l'un de ces tumulus qui, dans la classification usitée par les antiquaires, porte le nom de *Tumulus rond*.

Il a 40 mètres de diamètre et 3 mètres 40 de hauteur. Le tombeau donne 2 mètres 60 de longueur, 1 mètre 20 de largeur au pied, 1 mètre 40 en tête. La pierre en granit servant de voûte mesure 2 mètres 50 de long sur 2 mètres 30 de large et $0^m,40$ d'épaisseur.

Il est bon de faire remarquer qu'il faudrait aller jusque dans la commune de Goueznou pour y trouver une carrière de ce granit : quant aux autres pierres plates qui ont servi à la solidification du monument, on en rencontre de semblables sur les bords voisins de la mer, et elles se fendillent en lamelles comme du schiste. D'après M. Nicol, les pierres formant galgal, recouvertes de terres, étaient groupées suivant leurs espèces ou leurs variétés, où domine le quartz, et le champ dans lequel se trouve le tumulus, coté au cadastre sous le numéro 402, a une contenance de 1 hectare 30 ares 20 centiares

M. Labasque, qui donne une vigoureuse impulsion aux ouvriers occupés au déblaiement du tombeau, en fait d'un coup de crayon aussi rapide qu'habile, un croquis représentant la coupe longitudinale, la coupe transversale et la projection horizontale, avec une petite légende explicative. La Commission le joint à son travail, auquel il ne peut donner que du relief.

Débarrassé des terres qui l'obstruaient, le tombeau peut se laisser entrevoir dans quelques-uns de ses contours extérieurs ; mais la Commission ne se contente pas de ce superficiel examen, qui cependant lui révèle la grandeur et la simplicité du monument funéraire. Quoique l'accès et la descente en soient rendus plus difficiles encore et plus glissants par la pluie et la boue, et qu'il faille se mettre à genoux et à reculons pour s'introduire dans le tombeau, par une ouverture assez étroite, elle n'hésite pas à y pénétrer. L'aspect des murs appareillés, mais sans aucun ciment, de la vaste pierre granitique, lui servant pour ainsi dire de voûte, celui d'une autre pierre de la même espèce, mais beaucoup plus jaune, dont les deux extrémités reposent sur les murs et soutiennent la grande du côté ouest, ne fait que confirmer pour elle les données du premier rapport. Mais le lit et l'aire du tombeau sont obstrués par les pierres qu'on y a roulées pour rendre la descente et la montée moins difficiles. L'eau et la boue en rendent le séjour peu agréable, et de plus empêchent la Commission de recueillir les débris ciréraires qui pouvaient encore s'y trouver et fournir matière à de curieuses analyses. Il faut noter encore que l'on a, d'une main aussi curieuse qu'imprudente, probablement guidée par l'avide espoir d'y trouver un trésor, arraché plusieurs pierres des parois, ce qui pourrait occasionner un effondrement ; et, comme le faisait observer M Labasque, qui lui-même y était descendu et avait donné des mesures précises à la Commission, une station un peu trop prolongée dans le tombeau n'offrirait pas une sécurité complète, et si la grande pierre venait à tomber sur le dos des curieux, les efforts de 30 ou 40 hommes seraient peut-être impuissants à relever une telle masse de granit.

Quoi qu'il en soit, sur l'avis de l'un des membres de la Commission qu'il serait bon de prendre quelques pierres des murs du caveau funèbre, pour les soumettre avec les autres objets à un examen scientifique et à une analyse chimique, M. Duval, dont le zèle officieux et intelligent nous a été d'un grand secours, s'empresse d'en arracher quelques fragments. De plus, l'un des Membres de la Commission lui fait passer une pelle et une barre de mineur, à l'aide desquelles il sonde et scrute le fond du tombeau, malgré la boue et l'eau qui rendent l'opération assez difficile ; mais rien ne fait soupçonner qu'il existe d'autres monuments funéraires au-dessous du premier, ni même à ses côtés.

D'ailleurs, comme le fait remarquer avec beaucoup de justesse l'un de ses collègues, on n'a guère la chance de découvrir plusieurs tombeaux dans un Tumulus du genre de celui que nous examinons et qui est rond, ce sont presque toujours les tumulus oblongs qui recèlent plusieurs monuments funéraires séparés par des espèces de corridors.

Une bougie dont l'un de nous s'était précautionné, étant allumée, on put embrasser, d'un coup d'œil, l'ensemble de l'intérieur du tombeau et étudier tous les détails de cette maçonnerie primitive ; on ne découvre aucune trace de flamme ni sur les parois ni sur la voûte, ce qui induirait à penser, que, en admettant que l'analyse, ce dont nous doutons très-fort, démontrerait la combustion des ossements et l'incinération des autres objets recueillis dans la tombe, ils auraient subi cette opération avant d'y être ensevelis.

Il est vrai qu'un peu avant la conquête romaine et même pendant cette période, si nous voulons en croire J. César dans ses Commentaires, le feu régnait dans l'empire des morts chez ces Gaulois qui se vantaient d'être issus de Pluton : *(Galli se omnes ab Dite patre prognatos prædicant); funera sunt pro cultu Gallorum magnifica et sumptuosa; omniaque, quæ vivis cordi fuisse arbitrantur, in ignem inferunt, etiam animalia : ac paulò supra hanc memoriam servi et clientes, quos ab iis dilectos esse constabat, justis funeribus confectis, unà cremabantur.*

Mais avant cette époque d'incinération, les Celtes Gomérites ou Bretons, descendant de Japhet, suivaient une méthode plus primitive et plus naturelle, et sentant beaucoup moins les raffinements de la civilisation, c'est-à-dire la méthode de confier à la terre, *humi*, le corps de l'homme d'où le Créateur l'avait tiré, suivant les traditions bibliques dont ces peuples avaient conservé le souvenir avec l'unité de Dieu et l'immortalité de l'âme. Ainsi le fait de la non incinération, ou pour parler plus juste de l'inhumation simple du cadavre auquel appartenaient les ossements trouvés dans le tombeau, reculerait encore pour nous l'époque de sa construction.

Dans les *Recherches historiques sur la Bretagne, d'après les Monuments anciens et modernes*, par M. Maudet de Penhouët, nous lisons : « Je vais vous parler des anciens tombeaux des peuples de l'Asie, et vous en montrer de semblables sur nos bords armoricains, dans ces mêmes lieux où je suppose qu'a commencé la grande communication de la Gaule celtique avec les Phéniciens, bien antérieurement à notre soumission aux Romains. Ceux-ci ont adopté, dans quelques circonstances, le même usage; et c'est d'eux que nous tenons le nom de Tumulus, que nous donnons à ces tombeaux; c'est un mot latin qui vient de *tumere*, et signifiait originairement amoncelement de terre.

Au milieu des travaux toujours surveillés et dirigés par M. Labasque, et auxquels la Commission prête, des yeux et des oreilles, la plus vive attention , il se produit un curieux incident que nous ne devons point passer sous silence, animés que nous sommes de l'amour le plus sincère de parvenir à la vérité, et de ne rien oublier de tout ce qui peut en assurer le triomphe. MM. Labasque et Nicol nous parlent d'une pierre brisée, les jours précédents par un paysan, et sur laquelle on avait remarqué comme un dessin tracé au charbon sur le plat intérieur de cette pierre placée du côté sud-est du tombeau et servant de soutien à la voûte formée par la grande pierre granitique. On fait immédiatement et avec la plus minutieuse précaution procéder au lavage et au nettoyage de tous les fragments de pierres au nombre desquelles on a l'espérance de trouver celle dont la surface plate portait, dit on, l'empreinte dessinée , la figure d'une tenaille ; mais toutes les recherches sont infructueuses, et l'on est réduit à penser, au sujet de ce dessin tracé au charbon à l'intérieur du tombeau et sous la voûte, et qui n'avait pas été remarqué par l'un des Membres de la Commission, lors de sa première visite, faite cependant avec beaucoup de soin, que ces lignes tracées n'étaient peut-être autre chose que les arabesques dessinées par la fumée du flambeau que M. Nicol avait primitivement allumé pour l'aider dans ses premières recherches , et non pas la figure de cet instrument encore à moitié inconnu sous lequel sont dédiées plusieurs sépultures antiques où souvent on lit ces mots : *sub ascia dedicavit, dedicaverunt ou dedicatum.*

En présence de l'effort infructueux des travailleurs à

mettre au jour de nouveaux objets, la Commission décide qu'il n'y a pas lieu d'engager les fonds de la Société à poursuivre le cours des investigations. L'un des Membres de la Commission qui persiste à croire qu'en pratiquant une tranchée vers la base du Tumulus, du côté de l'ouest, de manière à rejoindre la tête présumée du tombeau, on pourrait découvrir quelques nouveaux objets, se rallie au sentiment de ses collègues, un peu moins par conviction de l'inutilité des recherches que pour ne pas engager les finances de la Société dans des dépenses dont le résultat est toujours un peu incertain ; mais la Commission tout entière croit que le monument remonte à une très-haute antiquité, et recommande aux ouvriers d'apporter le soin le plus scrupuleux dans leur exploitation, et de s'arrêter dans leurs recherches à coups de pelle et pioche, aussitôt qu'ils sentiront quelque chose de dur et de résistant, et alors d'employer plutôt la main que des instruments en fer susceptibles de briser de trop fragiles objets, bien précieux pour l'histoire de l'archéologie.

Tout en surveillant et en stimulant les ouvriers, la Commission reste fidèle aux recommandations prescrites par tous les hommes compétents en matières de fouilles, de noter avec le plus grand soin les noms des lieux voisins des monuments antiques récemment découverts, parce que ces noms peuvent donner d'utiles indications ; elle s'entretient de la nomenclature et de la dénomination des localités, des chapelles, des champs et des fermes qui se trouvent à proximité du Tumulus. Elle est puissamment aidée dans cette intéressante étude par l'un de ses Membres qui lui soumet toutes les notes qu'il a eu soin de prendre lui-même sur les documents cadastraux et par conséquent officiels et authentiques. D'après ces considérations et aussi en s'aidant d'autres documents qu'elle a dù consulter, pour rendre son rapport digne d'une Société littéraire et scientifique, la Commission soumet à votre appréciation les lignes suivantes :

Les savants qui ont la passion des étymologies frappent à grands coups de marteau les mots qu'ils placent sur l'enclume de leur érudition, et en forgent des armes bien trempées pour le besoin de leur cause. Sans tomber dans cette monomanie, je crois qu'il faut attacher une certaine importance au mot *Relec*, le nom de l'église voisine de l'endroit où se trouvent le tumulus et le tombeau. Ce mot, comme le prouve le manuscrit de M. Nicol que nous avons sous les yeux, s'écrivait anciennement *Relecq*. Dom L. Le Pelletier, religieux bénédictin de la Congrégation de Saint-Maur, dans son *Dictionnaire de la langue bretonne*, nous dit : *Relec*, relique, plur. *Relegou*. Il se dit particulièrement des ossements des saints. C'est le latin *reliquiæ* raccourci ou le français *relique* un peu altéré. Une abbaye de Bernardins en Cornouailles porte le nom de Relec, de la Relique.

Bullet, *Mémoires sur la langue celtique*, traduit *Relecq*, *Releguezu*, par carcasse, squelette, relique.

Le P. Grégoire de Rostrenen nous dit au mot *Re'ec* : abbaye de l'ordre de Citeaux qui, dans le ixe siècle, eut ce nom à cause du grand nombre de morts qu'on y enterra après le sanglant combat que les Bretons avaient eu, dit-on, avec les Barbares du Nord, dans la montagne d'Arré, près de cette abbaye, *ar Relecq*, *Abaty ar Releg*, en latin, *Abbatiæ Sanctæ Mariæ de Reliquis*.

On lit dans le *Catholicon*, de Jehan Lagadeuc, réimprimé par les soins du savant M. Le Menn : *Relegou*, relique des saints.

M. Maudet de Penhouët, dans ses curieuses *Recherches histo-

riques sur la Bretagne, avance *qu'il ne trouve point dans la langue bretonne un mot qui rend celui de tumulus* ; cependant, d'après le R. P. Dom Pezron , dans son *Antiquité de la nation et de la langue des Celtes*, autrement appelés Gaulois, Τὺμϐοϭ, *tumulus, tombeau*, vient du celtique *tumbé*.

Nous lisons encore dans Bullet : *Tum*, crête, faîte. De là le latin *tumulus*, tertre ; de là le latin *tumeo*, s'élever, s'enfler ; de là le latin barbare *tumba*, le vieux français *tombe*.

L'assertion de M. de Penhouët est encore infirmée par le P. Grégoire de Rostrenen qui, dans son dictionnaire, au mot *tombeau*, nous apprend que dans certaine partie de la Bretagne bretonnante on traduisait ce mot par *tumbé*, plur. *au*, et que l'on prononçait *toumbé*. De ce mot celtique, ajoute-t-il, viennent les mots français *tombe* et *tombeau*.

Nous lisons dans les *Observations fondamentales sur les langues anciennes et modernes*, par Le Brigant : « *Tumulus*, prononcé *tou-moulous* (tombeau) et tiré des racines celtiques *tou-ma-ol*, dont la traduction littérale est : qui couvre mon tout (ce que j'avais de plus cher, ce qui était mon tout) ; enfin comme notre mot *tombe*, tiré aussi des racines celtiques *tou-en-bé*, qui signifiait littéralement couvre-fosse ou qui couvre la fosse.

D'ailleurs, M. Maudet de Penhouët nous semble, dans le même ouvrage, détruire un peu lui-même ce qu'il a avancé, puisqu'il nous dit, page 89 : « J'ai cherché dans la langue bretonne, j'ai trouvé que le mot *calzen* voulait dire amoncelement, tas, lieu où beaucoup de choses sont placées. »

Le champ où se trouvent le tumulus et le tombeau s'appelle *Goarem-an-Dorguen*. Le dernier mot signifie petite butte de terre. C'est, suivant Bullet, le même que *torghen*, montagne, motte, butte de terre, rupture de la continuité de la terre, coteau escarpé, place d'une terre qui a croulé ou qui est éboulée.

Tor-al-Lan. C'est le nom que l'on donne à cette hauteur sur laquelle on avait établi l'ancien télégraphe aérien. C'était un endroit admirablement situé pour l'emploi de cette invention avant qu'elle eût été détrônée par le télégraphe électrique. Il ne serait point absurde de supposer que les Armoricains ou les Romains, pendant leur occupation du pays, connaissant les signaux par le feu et d'autres encore, avaient choisi ce tumulus, soit pour y allumer les bûchers qui leur servaient à transmettre les nouvelles, soit pour se les communiquer les uns aux autres au moyen de l'émission de la voix repercutée de champs en champs, soit même pour y établir de longues pièces de bois mobiles à l'aide desquelles, suivant Végèce, les anciens connaissaient ce qui se passait dans les lieux éloignés : *Aliquanti in castellorum ant urbium* TURRIBUS *appendunt trabes quibus, aliquandö erectis, aliquandö depositis, indicant quæ geruntur.*

Tor, suivant Bullet, signifie hauteur, élévation, et aussi circuit, circonférence, cercle.

Thor, tor, tour. *Twr* en breton et en gallois; *tour* en breton.

Lan. Parmi les significations de ce mot qui peuvent convenir au lieu désigné dans notre travail, on trouve élévation, élevé, grand, beau.

Llan, Llann, sol, pleine campagne, enclos, etc. Eglise, temple, cimetière.

On lit dans Davies : *Twr,* acervus, cumulus, congeries, strues.

La Commission ne dédaigne pas non plus de s'enquérir des légendes relatives au Tumulus ; sur l'invitation de l'un de ses Membres, M. Pradère, très-versé dans cette curieuse matière, puisqu'il a publié un charmant volume qu'il a eu la gracieuseté de vous offrir et qui renferme la quintescence des légendes bretonnes, M. Nicol nous raconte que des paysans, il y a déjà quelques années, avaient pénétré dans un souterrain s'étendant, dit-on, de la ferme de Runavel qu'il nous montre à travers un rideau verdoyant d'ormeaux, jusqu'au Tumulus. Mais n'osant s'aventurer trop loin, de crainte d'être asphyxiés ou de ne plus reconnaître leur chemin, ils avaient lancé un chien dans ces routes obscures et tortueuses, et pendant trois ou quatre jours on entendit le pauvre animal pousser de sinistres hurlements sous les champs voisins du Tumulus où sans doute il trouva la mort.

La Commission, après s'être acquittée de sa mission, prend congé de M. Nicol, non sans insister vivement auprès de lui, pour en obtenir si ce n'est la cession complète, du moins la remise momentanée des objets qu'il a recueillis dans le tombeau, afin qu'ils soient soumis à l'examen et à l'analyse des médecins et des chimistes. Il s'engage à les faire transporter à Brest, et par l'entremise de M. Duval, il s'acquitte fidèlement de sa promesse.

La Commission qui, pour s'élever au niveau de la mission que vous lui avez confiée, s'est entourée de tous les renseignements verbaux, imprimés ou manuscrits capables de l'aider dans l'accomplissement de ses devoirs, croit devoir faire, en terminant ce travail, quelques remarques : elles prouveront, nous l'espérons du moins, que l'esprit, l'attitude et les mœurs des autorités municipales en Bretagne, et même ceux de nos paysans ont subi d'heureuses transformations, si l'on remonte au commencement du siècle, en 1808, en plein empire. Que l'on compare les lignes que nous allons transcrire, avec l'accueil gracieux qui nous a été fait par M. Nicol, faisant fonction de maire au Relecq et le secours aussi zélé qu'intelligent que les paysans nous ont prêté dans nos recherches, et il deviendra évident que les maires de nos campagnes et leurs administrés ont été entraînés comme tout le monde, par le tourbillon irrésistible de la civilisation. La comparaison que vous serez forcés de faire sera tout entière en faveur des modernes :

« Cette fouille (celle de Limmerzel), nous dit M. Maudet de Penhouët, dans l'intéressant ouvrage dont nous avons déjà cité quelques extraits, cette fouille avait fait du bruit dans le petit canton de Limmerzel : ce qui est ordinaire, on prétendit que j'étais venu chercher un trésor, et bientôt on assura que je l'avais enlevé. Pour moi qui eusse été assez satisfait d'y trouver une pierre inscrite ou une médaille qui m'eût éclairé sur ces monuments, je résolus d'y retourner; mais, arrivé sur les lieux, je trouvai des obstacles à mes projets : *le maire* même s'y opposa, et je fus contrarié par formes légales.

La nuit suivante, des paysans se rassemblent et vont attaquer nos tombeaux : ils trouvent une urne, et déjà ils croient avoir découvert un trésor, et s'empressent de la briser : elle ne renfermait que des ossements.... »

MAURIÈS,

Bibliothécaire archiviste de la Société,
Président de la Commission.

Extrait du Bulletin de la Société académique de Brest.

Brest. — Typ. Lith. J.-P. Gadreau, Rampe, 55.